Paris

1870

Cochin, Augustin

Le Comte de Montalembert, discours prononcé le 1er avril 1870, à la Société générale d'éducation

LE COMTE

DE MONTALEMBERT

PARIS. — IMP. SIMON RAÇON ET COMP., RUE D'ERFURTH, 1

LE COMTE

DE

MONTALEMBERT

DISCOURS

PRONONCÉ LE 1er AVRIL 1870, A LA SOCIÉTÉ GÉNÉRALE D'ÉDUCATION

PAR

M. AUGUSTIN COCHIN

MEMBRE DE L'INSTITUT

SE VEND

Au profit de la Société générale d'éducation et d'enseignement

PARIS

CHRALES DOUNIOL, LIBRAIRE-ÉDITEUR

29, RUE DE TOURNON, 29

Et au siége de la Société, 82, rue de Grenelle-Saint-Germain

1870

M. DE MONTALEMBERT

DISCOURS

PRONONCÉ PAR M. AUGUSTIN COCHIN A LA SOCIÉTÉ GÉNÉRALE D'ÉDUCATION,
DANS SA SÉANCE DU 1er AVRIL 1870.

M. d'Ariste, sénateur, président de la Société, déclare la séance ouverte et prononce les paroles suivantes.

Mesdames, Messieurs,

La *Société générale d'éducation et d'enseignement* a consacré, il y a une quinzaine de jours, trois séances consécutives à discuter la question de la liberté de l'enseignement supérieur. Pendant le cours de cette discussion nous avons été frappés par une première perte bien douloureuse, par la mort de M. Henri de Riancey, l'un des membres de notre conseil, et nous avons essayé ici même de lui payer en quelques paroles notre dette de regrets et de reconnaissance. Mais, hélas! cette perte ne devait pas être la seule à déplorer par nous, par vous tous, Mesdames et Messieurs : un deuil immense était réservé encore aux amis de la liberté de l'enseignement, et cette grande et noble cause devait perdre son défenseur le plus illustre et le plus glorieux.

Avant de reprendre le cours de nos discussions qui doivent désormais porter sur le principe de la gratuité absolue de l'enseignement primaire, le conseil a voulu qu'un hommage solennel fût rendu en son nom à la mémoire de M. le comte de Montalembert et il a prié notre honorable collègue M. Cochin, de vouloir bien dans cette séance, au milieu du concours nombreux et empressé de nos amis et de nos adhérents, présenter le tableau de cette vie si remplie et consacrée tout entière aux intérêts de la religion, de la patrie et de la liberté. (*Applaudissements.*)

M. Cochin s'exprime en ces termes :

Mesdames et Messieurs,

Il y a précisément aujourd'hui trois semaines, trois semaines seulement, que je pressais pour la dernière fois la main vivante de mon ami M. le comte de Montalembert. Pour une âme chrétienne, le lendemain de la mort n'est pas l'heure de l'histoire : c'est l'heure du recueillement, et cependant c'est aussi le moment où les amis et les admirateurs sont le plus empressés de louer, de défendre, de glorifier une mémoire célèbre et chérie. Si je suis bien inspiré, j'espère ne manquer ni aux convenances de la douleur chrétienne, ni aux devoirs de l'amitié fidèle; je tiens à ne rien irriter, mais à ne rien déserter; à moins que ma parole, embarrassée par l'émotion, quoique soutenue par votre indulgence, ne trahisse involontairement ma pensée, je tâcherai de faire dans mon discours ce partage que la mort, de sa main souveraine, fait dans la carrière d'un homme entre la gloire qu'elle consacre à jamais et la passion qu'elle éteint. (*Applaudissements.*)

Il était digne de la Société générale d'éducation et d'enseignement de rendre hommage à celui que son président appelait tout à l'heure le plus illustre et le plus glorieux défenseur de la liberté de l'enseignement, au grand orateur, au grand citoyen qui pendant une vie trop courte, mais si bien remplie, a tant combattu pour faire rentrer dans l'éducation nationale la religion et la liberté; il était digne de vous, Messieurs, de venir en si grand nombre vous associer à cet hommage et célébrer la mémoire de cet étudiant qui, il y a quarante ans, ouvrait hardiment la première école libre à Paris, très-près d'ici[1], dans des circonstances à la fois si originales et si dramatiques que vous me permettrez de m'y arrêter tout d'abord.

Il avait vingt ans; il allait passer des bancs du collége à la tribune de la Chambre des pairs où l'appelait sa noble origine, et il s'avisa, pour passer des bancs de l'écolier à la tribune de l'orateur, de prendre le chemin détourné de la police correctionnelle. (*Rires.*) Il avait un complice, un ami, dont le nom doit être placé au début comme il le sera au terme de mon récit; car la Providence avait d'avance destiné leurs deux cœurs et leurs deux noms à s'unir et à s'entrelacer à jamais. Cet ami était un fils du peuple, déjà prêtre, plus âgé que lui, et qui s'appelait l'abbé Henri Lacordaire.

Ce que ces deux amis ressentirent l'un pour l'autre, ils l'*ont* exprimé l'un et l'autre dans leur correspondance. M. de Montalembert a dit dans une de ses lettres : « Il était charmant, et il m'apparut comme le type de l'enthousiasme du bien et de la vertu armée pour la défense de la vérité. » Et dans une de ses lettres, le P. Lacordaire, débutant par les mêmes mots, dit de son ami : « Il était charmant, » et employant une de ces métaphores, dont il faisait un si heureux et quelquefois un si bizarre emploi, il ajoute : « Pour peu qu'il survive, sa destinée sera aussi pure qu'un lac de Suisse au milieu des montagnes, et aussi célèbre. » (*Bravos.*)

Ces deux hommes, qui s'étaient ainsi sentis attirés l'un vers l'autre par une amitié touchante, avaient une passion commune : ils aimaient quelque chose de plus que la gloire, quelque chose de plus que la vie : ils aimaient ensemble la religion et la liberté et ils firent ensemble le projet d'ouvrir à leurs risques et périls une première école libre, et de se faire hardiment arrêter et juger, sachant bien qu'en faisant condamner dans leur personne l'illégalité, ils feraient condamner dans la loi l'injustice. (*Applaudissements.*)

[1] Rue Jacob, près la rue des Beaux-Arts.

C'est ainsi que ce jeune homme de vingt ans, ce patricien qui n'avait pas même fini son droit, et qui n'attendait pas de le finir pour l'exercer, donnait, dès les premiers coups et dès le premier moment, la mesure de tout ce qu'il devait être, l'indication de tout ce qu'il devait aimer, choisissant à la fois son drapeau, son champ de bataille, ses armes, se vouant à jamais à la défense de la religion sur le terrain de la liberté par le secours de l'éloquence. (*Bravos.*)

Vous savez, Messieurs, comment le procès de l'école libre fut déféré à la Chambre des pairs, et quel fut le retentissement des discours prononcés par l'abbé Lacordaire et par le jeune comte de Montalembert, devant ces collègues de son père qui (pour me servir d'une spirituelle expression du duc Albert de Broglie[1]) « souriaient « à l'éloquence pleine de verdeur de l'un des complices, comme un « aïeul à la vivacité généreuse et mutine du dernier enfant de sa « race. »

Je n'ai jamais entendu raconter à M. de Montalembert lui-même ce récit de son premier exploit, sans me demander avec un certain étonnement comment ces deux jeunes gens s'étaient avisés d'ouvrir cette école libre et d'inaugurer ce combat qui devait durer vingt années par des procédés si nouveaux, si inattendus, si singuliers et pour tout dire en un mot, si peu français.

Ce n'était pas en effet la manière française de défendre ni la religion ni la liberté. Pour la religion, on l'avait vue dans notre histoire, chargée tantôt de chaînes, tantôt de faveurs; on n'était guère habitué à la considérer comme un sentiment puissant et dominateur, livré à la garde et à la défense de ceux qui l'éprouvent et ne cherchent pour le défendre que les armes du droit commun.

Quant à la liberté, à la fin de 1830, on était à quelques mois d'une révolution nouvelle, d'une de ces journées dont le retour est vraiment fatigant dans les annales de ce siècle, d'une de ces journées où les Français s'exercent au jeu terrible des bouleversements

[1] Éloge du P. Lacordaire, prononcé à l'Académie française. Février 1863

et semblent n'avoir pas à leur disposition d'autres procédés que de fonder périodiquement le pouvoir sur le droit de le renverser. (*Hilarité.*)

Qui donc avait pu encore une fois porter ce jeune homme ou ces deux jeunes gens à se servir de cette manière lente, de ce procédé patient qui débute correctement, marche pas à pas, monte à l'assaut d'une liberté avec patience et circonspection, procédé, je le répète, si peu français?

C'est ici que se place l'histoire des origines de M. de Montalembert et quand je vous les aurai brièvement racontées, vous comprendrez comment les impressions de sa jeunesse ont alors inspiré sa conduite et dominé depuis toute sa carrière.

M. de Montalembert, issu d'une race antique et très-française, descendant du valeureux compagnon de François Ier, mais en même temps de race anglaise par sa mère, était né à Londres et il était venu en France à huit ans seulement, sachant à peine le français. Il passa les années de son adolescence dans sa famille, auprès de sa mère, et ensuite au collége Sainte-Barbe-Rollin, où déjà il se fit remarquer par l'enthousiasme, la foi et l'ardeur au travail. A dix-sept ans, il avait signé avec un ami, qui ne me permet pas de le nommer[1], mais qui me permettra bien d'étendre un peu la main pour le désigner à vos respects, un pacte admirable, un pacte que j'ai lu, dans lequel ces deux généreux écoliers s'engagent à ne défendre toute leur vie que l'honneur, la patrie, la liberté et la religion; pacte étonnant, et magnifique, qu'on ne peut pas relire sans croire qu'on a sous les yeux je ne sais quel parchemin oublié d'une croisade d'enfants.

Puis, à dix-neuf ans, son père étant ambassadeur en Suède, il s'était rendu à Stockholm, d'où il adressa à la *Revue française* une remarquable étude politique. Il avait trouvé dans ce pays une intolé-

[1] Je ne résiste pas à la tentation de nommer, en publiant ce discours, l'ami le plus ancien, le plus fidèle et le plus aimé de M. de Montalembert, M. Léon Cornudet, president de section au conseil d'État.

rance implacable, en face de la religion catholique à peine tolérée, misérable, étouffée, et, avec la générosité d'un noble cœur, il n'avait pas hésité entre la puissance injuste et la faiblesse opprimée; il s'était incliné du côté de la faiblesse, il avait voué au malheur un amour qui ne devait pas finir et à l'injustice une colère qui ne devait non plus jamais s'éteindre.

Il avait ensuite quitté la Suède pour l'Angleterre, précisément au moment de la révolution de 1830. Apprenant cette révolution à Londres, le 4 août, Charles de Montalembert s'était empressé de faire ses paquets et de revenir à Paris, pour être témoin, avec cette curiosité passionnée qui ne l'abandonna pas pendant toute sa vie, des événements nouveaux. Mais son père n'avait pas hésité à le renvoyer en Angleterre avant la fin du mois d'août 1830.

C'était un an auparavant, en 1829, qu'avait eu lieu la fameuse élection du comté de Clare, dans laquelle O'Connell, ce puissant avocat populaire, ce légiste rusé qui se flattait de mener un carrosse à quatre chevaux, sans accrocher, à travers les lois (*rires*), entraînant l'Irlande par son éloquence orageuse, en même temps que Thomas Moore, l'auteur de *Lalla-Rook*, par sa poésie lyrique, passionnait les cœurs, O'Connell, après vingt ans de combats, avait remporté une victoire inattendue! Malgré toutes les difficultés possibles, les pressions, les menaces, l'enthousiasme de tout un peuple venait de lui ouvrir de force les portes du parlement.

M. de Montalembert trouva tous ces souvenirs encore vivants à une année de distance. Ses yeux furent à la fois éblouis par la nature et émus par l'histoire de ce pays poétique. Il vit cette contrée riante et pittoresque, ces cascades, ces rochers, cette verdure, tous ces aspects qu'une Providence maternelle semble avoir prédestinés à la consolation des malheureux. Il fit 60 milles à cheval pour visiter O'Connell dans son manoir, il contempla avec attendrissement cette nation martyre, opprimée, fidèle, héroïque. Les récits de la grande bataille électorale parvinrent à ses oreilles; vous en connaissez, Messieurs, les incidents. Les pauvres n'étant pas électeurs, la lutte avait été engagée entre les propriétaires et les tenanciers. Exposés à être renvoyés, ruinés, mis en prison, les tenanciers n'avaient écouté que leur devoir. On avait raconté au jeune voyageur français des histoires vraiment héroïques, — une conversation, par exemple, entre un propriétaire et un tenancier. Celui-ci le menaçait d'aller en prison pour dettes, s'il votait pour O'Connell. Le tenancier regardait ses enfants sans pain, et il allait commettre une lâcheté, quand tout à coup sa femme se précipite devant lui, et, le tirant par le bras, lui dit ces simples paroles : « Rappelle-toi ton âme et la liberté ! *Remember your soul and liberty !* »

M. de Montalembert avait encore entendu chanter ce bel hymne, entonné par soixante mille hommes qui agitaient des branches vertes au moment de la victoire d'O'Connell :

« Les hommes de Clare savent que la liberté est fille de la religion.
« Ils ont triomphé parce que la voix qui s'élève pour la patrie avait
« d'abord exhalé sa prière au Seigneur. Les chants de liberté se font
« entendre dans nos campagnes, leurs sons parcourent nos vallées ; ils
« emplissent nos collines ; ils murmurent dans les ondes de nos fleuves,
« et nos torrents, avec leur voix de tonnerre, crient aux échos de nos
« montagnes : L'IRLANDE EST LIBRE ! »

C'était au son de ces accents, devant ces tableaux, au milieu de ces souvenirs, que ce jeune homme de dix-neuf ans avait appris à contempler, à aimer, à admirer la foi unie au patriotisme, et, hâtons-nous de l'ajouter, il avait été le témoin d'un spectacle différent et presque aussi beau en Angleterre. Il avait admiré la victoire mémorable du bon sens de Robert Peel et de Wellington sur les hésitations de George IV. Il avait vu un parti aux affaires, tout-puissant, mépriser les préjugés, même les reproches d'inconsistance et de peur, pour faire la justice, quand l'heure est venue.

Il avait appris en Irlande comment on conquiert la liberté ; en Angleterre comment on l'accorde, et il avait retenu ces discours célèbres de Robert Peel devant ses ennemis l'accusant de lâcheté et d'inconsistance, l'accusant de manquer à la mémoire de George Canning. « Oui, leur répondait-il, j'ai changé d'avis; mais il y a quelque chose de plus important que de voir le même homme soutenir la même opinion, c'est de voir les hommes qui ont entre les mains le gouvernement de leur pays faire à chaque moment ce qui importe à l'honneur et à la félicité de ce pays. On peut les accuser d'être lâches; mais il y a quelque chose de pire encore, c'est la peur d'être appelé lâche, la peur de passer pour avoir eu peur. J'avoue hautement et fièrement que j'ai eu peur de la guerre civile, de la discorde et de l'injustice. Et vous m'accusez d'être infidèle à la mémoire de Canning! Je me lève pour vous dire : Tout ce qui s'est fait, c'est à lui qu'on le doit! Pourquoi n'est-il pas là pour recueillir ce qu'il a semé?

Tuque tuis armis, te nos poteremur, Achilles!

« Achille, tu serais en possession de tes armes, et nous, nous serions en possession de toi[1]! »

Ces deux spectacles admirables, Messieurs, la conquête de la liberté par l'Irlande, la concession de la liberté par l'Angleterre, avaient singulièrement impressionné ce jeune esprit, quand tout d'un coup, recevant de Paris un journal, il apprend que trois ou quatre catholiques se sont ligués pour fonder *l'Avenir*. Aussitôt il accourt avec eux, ce journal portait pour devise : *Dieu et la liberté!* il n'en fallait pas davantage pour entraîner sa jeune âme, pour attirer et enflammer son dévouement.

Je n'ai pas à redire quelle fut la courte destinée de *l'Avenir*; il fournit une carrière brève, brillante, orageuse. C'est une date importante dans la vie de M. de Montalembert, au début de ces six années, 1830 à 1836, qui ont, si je ne me trompe, déterminé sa mission et marqué son âme et sa carrière d'une empreinte ineffa-

[1] *Sir Robert Peel*, par M. Guizot.

çable. Suivez-le rapidement avec moi pendant ces six années. Nous l'avons vu en Suède, en Irlande, en Angleterre. Le voici de nouveau à Paris, où l'attendent le génie puissant mais néfaste de Lamennais, l'amitié solide et l'éclatante ardeur de Lacordaire. Ils partent pour l'Italie tous les trois. A Naples, Montalembert est charmé en passant par le touchant amour d'Albert de la Ferronnays, dont le *Récit d'une Sœur* nous a tous rendus après lui les témoins attendris. Puis il vient à Rome, où son âme est saisie par la majesté sublime de l'Église éternelle, par la beauté de cette unité toujours vivante, qui attend la liberté, ne la gêne pas, quoi qu'on dise, mais l'attend; et, au jour venu, l'arrête, l'éclaire et la soumet (*Bravos*). — Il était passé de Rome en Lombardie, où il avait été échauffé et entraîné vers l'amour des arts par le compagnon de ses premiers voyages, M. Rio, l'ami de sa jeunesse, l'historien de l'art chrétien, en même temps qu'il était persécuté par la police autrichienne, qui l'avait prié poliment de passer la frontière. Nous le retrouvons en 1832 à Munich, puis à Marbourg, aux pieds du tombeau de sainte Élisabeth.

M. de Montalembert était déjà épris de cet enthousiasme pour les arts qui ne l'abandonna jamais; et le nom d'Élisabeth rappelait en outre à son cœur le souvenir poignant d'une sœur qu'il aimait tendrement, et qu'il avait récemment perdue.

Il se mit à parcourir la cathédrale de Marbourg, et son imagination puissante fit une de ces excursions savantes et poétiques dans les vastes forêts de l'histoire où il aima depuis à se promener si souvent. Après cette contemplation, il entre chez un libraire, et il lui demande s'il n'a pas quelque livre sur cette sainte Élisabeth, dont le culte était à peu près disparu. Le libraire monte dans un grenier, et il en rapporte une brochure couverte de poussière : « Si cela peut vous intéresser, voici une vieille notice; personne ne la demande. J'en avais encore un exemplaire, lisez-le. » Le jeune homme monte en voiture de poste, et il lit avec cette ardeur, avec cette passion pour la lecture que tous ses amis ont connue. Tout à coup, il frappe à la vitre, il l'ouvre bruyamment et dit au postillon : « Retournons de suite à Marbourg. » — Le postillon refuse : « Je ne puis pas, dit-il; mes chevaux sont inondés de sueur. — C'est égal, je payerai ce qu'il faut : retournons. » Alors, plein de cette lecture qui l'avait saisi d'une ardeur enthousiaste, il court chez le libraire : « L'auteur vit-il encore? » s'écrie-t-il. C'était un vieux juge retiré dans un village des environs. Il s'y rend. L'auteur est tout étonné d'avoir trouvé un lecteur; et il se met en fête pour recevoir ce lecteur, qui parlait d'ailleurs parfaitement sa langue. Ils causent ensemble de la sainte, ils s'enthousiasment à qui mieux mieux. Désormais le jeune voyageur ne pense plus qu'à elle; il se met, m'a-t-il dit lui-même, sous sa protection; il l'invoque pour sa sœur et aussi pour lui-même et il arrive ainsi à Francfort, tout éperdu d'amour pour sainte Élisabeth. Il y reçoit des lettres de ses amis de Paris, de M. de Lamennais, de l'abbé Lacordaire, qui l'appellent, qui le sollicitent; mais il ne pense qu'à sainte Élisabeth et il reste à Francfort, poursuivi et protégé par cette profonde émotion qui devait donner naissance à un des chefs-d'œuvre de la langue française et de la littérature chrétienne.

Charles de Montalembert revient à Paris, prépare son premier ouvrage, et, en 1835, avant d'avoir atteint sa vingt-cinquième année, il entre à la Chambre des pairs et il y parle pour la liberté de la presse. En 1836, il contracte cette union glorieuse qui devait apporter dans sa maison tant d'honneur et de félicité.

Ici se terminent ces six années extraordinaires de la jeunesse du grand orateur. Il avait parcouru une partie de l'Europe, mais surtout il avait fait le tour du monde moral en six années. A Stockholm, il avait vu la violence aux prises avec la faiblesse; à Dublin, le patriotisme aux prises avec l'oppression; la sagesse politique s'inclinant devant la justice à Londres, le génie des souvenirs allié à la majesté de la foi à Rome, l'innocence de l'amour à Naples. Il avait joui de la beauté des arts en Lombardie, il avait vu l'admirable magnificence de l'histoire et des arts réunis en Allemagne; enfin, il avait en quelque sorte, je le répète, achevé le tour du monde moral; mais, veuillez le remarquer, Messieurs, les arts, le patriotisme, la puissance, l'amour, l'histoire, lui étaient apparus marqués au front du sceau de la foi; il n'y avait pas un de ces sentiments généreux qui ne se fût présenté à lui comme transfiguré par un rayon du ciel, de sorte que la foi de cet homme de vingt-cinq ans ne s'était pas formée, comme la nôtre, entre la routine et l'indifférence, mais elle était descendue sur lui comme une gerbe de rayons lumineux qui éclaira sa route et échauffa son âme tout le reste de sa vie. Si telles ont été les origines de ce jeune homme et les sources où s'abreuvèrent ses lèvres éloquentes avant l'âge de vingt-cinq ans, vous ne serez pas étonnés de la singularité de ses convictions héroïques, et de l'effet extraordinaire qu'il produisit quand, montant à la tribune devant des vieillards respectables, mais qu'il avait plus d'une raison d'appeler les fils de Voltaire, il leur apparut comme un enfant perdu des croisades et un chevalier armé de pied en cap pour le service de la foi, de l'honneur et de la liberté, comme un héros du moyen âge en face des temps modernes. (*Applaudissements.*)

J'ai tenu à vous montrer avec quelques détails ces origines peu connues, parce qu'il y a des années sacrées, celles de la jeunesse, où les sentiments et les événements se précipitent dans une âme comme un métal en fusion qui se fixe et laisse une empreinte que les années peuvent ensuite user et déformer, mais n'effacent jamais.

Une fois dans la vie publique, la carrière du comte de Montalembert est bien connue; elle fait partie de notre gloire contemporaine. Placé à la tribune comme sur un sommet élevé et sonore, il semblait recevoir plus qu'un autre tous les échos, tous les murmures de la conscience du genre humain. Il n'y avait pas une cause perdue, une cause désespérée, qui ne devînt aussitôt la cliente de ce jeune homme. Trois nations étaient opprimées, particulièrement opprimées dans le monde: la Pologne par la Russie, l'Irlande par l'Angleterre, la Grèce par la Porte; ces nations deviennent ses clientes. Quand la Belgique est menacée par la Hollande, quand la Suisse se divise et que les cantons les plus forts oppriment les plus faibles; quand la discorde éclate entre la Porte et l'Égypte, qui se disputent le Liban, il prend toujours et à toute heure la cause du plus faible.

Pénétré de la conviction que les causes justes sont immortelles, et que les protestations contre l'injustice réussissent toujours à émouvoir le ciel et à convaincre les hommes, il cherchait, pour ainsi dire, s'il y avait sur la terre une cause opprimée, rendant son dernier soupir, pour la prendre à son compte et s'en faire le défenseur intrépide. Il y a une race qui souffre depuis des siècles, une race perdue sur des îles lointaines, la race des pauvres noirs esclaves. Il prend en main sa cause, et il demande, dès 1837, l'émancipation des esclaves. Il y a dans les manufactures des enfants aux joues hâves, au teint défait, aux yeux fatigués; ces pauvres petits exercent sur son âme une impression profonde; il prend en main la cause des enfants des manufactures. Ainsi, parcourez seulement les tables des matières de ses discours, vous y trouverez inscrites toutes les causes généreuses. Ouvrez ces discours eux-mêmes, laissez-vous porter un moment par le torrent de cette éloquence généreuse, abondante, précipitée, pleine de faits, d'idées, de traits et surtout de cœur, et vous serez forcé d'admirer et d'applaudir. Nul n'a oublié surtout ce discours étonnant et prophétique, prononcé sur les affaires de Suisse au mois de janvier 1848. Les nobles pairs qui l'entendirent se levèrent, quittèrent leur place, et vinrent entourer et acclamer le jeune orateur, le défenseur intrépide de toutes les causes justes.

Cherchant bien au milieu de toutes les causes injustement méconnues, au milieu de tous ceux qui souffrent et sont persécutés, M. de Montalembert ne pouvait pas manquer de rencontrer et de prendre en main avant tout la défense de l'Église catholique, à laquelle il appartenait par le fond du cœur.

Arrêtons-nous un peu plus sur cette œuvre principale de sa carrière, la défense de la foi.

L'Église catholique, à l'époque dont je parle, était encore très-affaiblie par les quatre ou cinq grands coups formidables tombés sur elle depuis un siècle. Et cependant pour qui savait bien voir, ces épreuves avaient déterminé de sa part une résistance qui prouvait assurément sa divinité. L'Église avait traversé la corruption de Louis XV, les échafauds de Robespierre, l'oppression de Napoléon; depuis des jours plus heureux, elle avait traversé de nouvelles faveurs qui l'avaient rendue impopulaire et qui l'avaient condamnée à de nouvelles rigueurs. En jetant les regards sur un plus vaste horizon, on voyait l'Église martyrisée en Pologne, torturée en Irlande, bâillonnée en Suisse, engourdie en Espagne et en Italie, avilie dans l'Amérique du Sud, méprisée en Angleterre et en Allemagne, inconnue dans la moitié du globe, et, pour ne parler que de la France, taquinée, méconnue et entourée de sentiments bien voisins du dédain. Sans doute les autels étaient relevés, les temples avaient été réouverts, mais pour cette génération inattentive et incrédule, les églises étaient bien plutôt les musées d'une antiquité vénérable que les sanctuaires du Dieu vivant. Lorsque M. de Montalembert vint soutenir, glorifier, professer la foi de l'Église catholique, on le regarda comme un jeune homme innocent que les illusions de ses premières années n'avaient pas abandonné, mais qui, en avançant en âge, se verrait bientôt dépouillé de rêves sans réalité et d'idées sans avenir, stériles réminiscences d'un passé évanoui.

Il eut l'honneur de voir que cette Église si méconnue portait cependant dans ses mains la partie la plus précieuse du patrimoine du genre humain et qu'elle n'avait pas cessé d'être l'institutrice des nations et la consolatrice des âmes. Il eut l'honneur encore plus grand de ne regretter pour elle ni les biens, ni les priviléges, ni la puissance, mais de regretter seulement ce qui fait une partie intégrante de sa vie, le droit d'enseigner la vérité et le droit de répandre la charité. Il se soucia peu de tout ce qui la rendrait à l'extérieur plus puissante, et en apparence plus importante; il se soucia beaucoup de ce qui pouvait faire rentrer, refluer, remonter le sang à son cœur, et la vie jusqu'à sa tête. Voyant dans l'Église une mère, il ne comprenait pas qu'elle fût privée d'instruire et d'aimer.

Qu'il soit béni à jamais, Messieurs, celui qui ne voulut pas un seul jour de sa carrière consacrer son activité à demander pour cette Église des honneurs, des privilèges, ou des biens, réclamant seulement pour elle avec une ardeur infatigable l'enseignement, l'association et la charité, ces trois forces sans lesquelles elle n'est rien, avec laquelle elle est tout ce qu'elle doit être! (*Applaudissements.*)

M. de Montalembert avait d'ailleurs, Messieurs, en allant droit où son cœur le menait, choisi par une habileté non calculée, le meilleur des terrains. Sur ce terrain de la liberté de l'enseignement, de l'association et de la charité, il avait pour lui le concours de tous les hommes qui, sans avoir le sentiment de la foi, avaient le respect de la justice. Il avait pour lui les promesses de la Charte, les désirs des vrais libéraux, la souffrance des consciences, l'amour de toutes les mères, l'inquiétude et le droit des familles, les intérêts du progrès scientifique, la haine du monopole et ses abus, en sorte qu'autour de cette parole qui ne s'élevait qu'au nom de la foi, se réunissaient les échos de plus en plus sympathiques de mille opinions diverses, et il était impossible, je le répète, ayant pris de plus haut ses raisons pour choisir ce terrain, de trouver en même temps une position mieux placée pour la bataille et pour la victoire.

Je n'ai pas à insister sur les grands discours et sur les travaux que pendant vingt années, depuis l'ouverture de l'école libre en 1830, M. de Montalembert, aidé par des amis généreux, consacra à la cause de la liberté d'enseignement. Mais vous me demanderez sans doute quel fut l'effet de ces travaux, leurs fruits, leur résultat, leur influence sur les contemporains.

Beaucoup des témoins de ce noble labeur se sont figuré que les travaux de M. de Montalembert et du P. Lacordaire n'avaient été qu'un feu d'éloquence et comme une série de harangues jetées sur des tombeaux avec quelques couronnes d'immortelles. Messieurs, c'est se tromper beaucoup et n'avoir rien compris à l'histoire de ce temps encore assez rapproché de nous, que d'oublier l'effet prodigieux de ces efforts qui avaient d'abord paru si stériles et si infructueux. Au bout de quelques années, le jeune orateur qui semblait d'abord presque ridicule, disons le mot, devint important, puis embarrassant, puis redoutable, enfin puissant, et il fallut compter avec lui. Sans doute, c'était bien l'effet de sa magnifique éloquence unie à l'éloquence de cet incomparable orateur, Lacordaire, dont la parole servait d'écho à la sienne dans cette chaire de Notre-Dame encore plus élevée que la tribune de la Chambre des pairs, dans cette chaire aux pieds de laquelle des milliers d'auditeurs venaient entendre après lui l'admirable et saint père de Ravignan... Ah ! laissez-moi, Messieurs, évoquer devant vous ces beaux souvenirs de ma jeunesse et m'arrêter, comme un artiste, pour admirer, j'allais dire pour écouter encore les deux voix fraternelles de Lacordaire et de Montalembert.

Il était impossible de les comparer. L'éloquence de Lacordaire, avec moins d'étude, avait quelque chose de plus inspiré ; elle rappelait, je ne crains pas d'exagérer, l'éloquence de ces anciens prophètes dont la voix nous arrive de quatre mille ans, à travers l'éloquence de Rome et d'Athènes, de Démosthène et de Cicéron, de Londres et de Paris, après Burke et Mirabeau, et, franchissant tous ces torrents d'éloquence, vient nous inonder tout à coup, nous éblouir et nous arracher des pleurs. L'auditeur, placé au pied de la chaire de Lacordaire, se sentait soudainement frappé au cœur comme par un coup qui venait toucher une fibre secrète et sensible. Puis le grand orateur vous saisissait et, selon son expression, il vous enlevait en quelque sorte par les cheveux, vous portant dans des régions supérieures, haletant et ébloui. L'éloquence de M. de Montalembert n'était pas la même. Ceux qui l'ont vu au travail savent de quel prodigieux labeur était précédé le moindre de ses efforts. Sa manière de travailler, si cette expression familière m'est permise, ressemblait à une vendange. Quand il avait cherché, remarqué, détaché, accumulé une quantité énorme de faits, d'idées et de renseignements, comme un vendangeur charge ses corbeilles de grappes sans nombre, alors, muni de ce butin et de ces dépouilles, il groupait tous ses matériaux et il les soumettait à une réflexion laborieuse comme à la roue d'un pressoir; et puis, ce n'est qu'après avoir fait subir à cette récolte si abondante cette élaboration nouvelle, qu'il laissait couler à flots pressés le vin généreux de son éloquence.

Mais, si grande, si retentissante, si glorieuse, que fût cette double éloquence, non, Messieurs ! elle n'explique pas, elle n'épuise pas surtout tout le mouvement de ces belles années. La cause de Montalembert et de Lacordaire a jeté de profondes racines ; elle a passé les frontières. Pendant que notre jeunesse émue se formait à cette école et à celle d'un autre homme éloquent et respecté, Frédéric Ozanam, l'illustre Henry Newman se convertissait en Angleterre, Balmès écrivait en Espagne, Rosmini en Italie, le cardinal Diepenbrock et le comte de Stolberg méritaient les respects de l'Allemagne, Félix de Mérode, le comte de Theux et le cardinal de Malines les respects de la Belgique : il se fondait des églises et des colléges catholiques dans la libre Amérique, et O'Connell quittait l'Irlande pour aller recevoir la bénédiction de ce pontife qui venait, en 1846, de monter sur le trône, en excitant un enthousiasme que ses malheurs ont grandi. La Chambre des pairs de France, par un ordre du jour unanime, félicitait Pie IX d'avoir pris l'initiative d'*une ère nouvelle de civilisation et de liberté.*

Laissez-moi insister, Messieurs, et vous dire quelle était la place que la cause catholique avait alors reprise dans l'opinion en France, et n'oubliez pas que l'opinion, à la fin du règne de Louis-Philippe, avait déjà, comme aujourd'hui, le dernier mot. Il était de mode alors de dire : *Le roi règne et ne gouverne pas ;* mais pour ceux qui regardaient les choses de près, il fallait renverser la formule et dire : Le roi gouverne, mais il ne règne pas. (*Hilarité.*) Il gouvernait, il administrait, mais il ne régnait pas. Ceux qui régnaient, c'étaient : Lamartine sur les républicains, Lacordaire sur les catholiques, Berryer sur les légitimistes, Victor Hugo sur les romantiques, et tant d'autres. Il y avait des règnes, des groupes, des bataillons, de vastes colonnes d'opposition divisées par les idées, unies par un respect mutuel. Lorsque cette monarchie, servie par des hommes si intelligents et si honnêtes, tomba bien moins parce qu'on l'attaquait, que parce qu'elle n'était pas défendue, lorsque la république entra inopinément par une porte qu'on avait oublié de fermer (*Rires*), on fut tout surpris de voir ces opinions se rencontrer sans se battre. Il y eut un moment où tout le monde fut à la fois déconcerté et patient, où la république, qui n'avait pas de fondations bien assurées dans le sol, fut comme une espèce de raison sociale, de société anonyme dont le véritable nom eût été *la France;* heure d'étonnement et de surprise, mais après tout d'apaisement, où la part fut faite à chacune des grandes opinions qui régnaient, et qui avaient su s'asseoir et s'établir dans les esprits. Devant les catholiques, nul obstacle sérieux ne se dressa. Aux élections, un grand nombre prit place dans les assemblées. Lorsqu'un ministre intelligent, hardi et sincère, le comte de Falloux, proposa la loi sur l'enseignement, les adversaires de la veille s'entr'aidèrent pour arriver à un résultat patriotique. Et enfin, quand après le meurtre de Rossi, le Pape fut obligé de quitter Rome, le général Cavaignac, sans hésiter, avec le concours de l'opinion presque universelle, fit partir le loyal et généreux M. de Corcelle pour Gaëte en s'écriant : « Il faut voler au secours du Pape. »

Si donc vous me demandez encore ce qu'avaient fait ces jeunes gens qui ouvraient l'école libre de 1830, je vous rappellerai où en était la religion du temps de Pie VII, de ce pontife dont la noble vie a été si bien racontée hier même par M. d'Haussonville; je vous rappellerai ce qu'était la religion au commencement du règne de Louis-Philippe : l'archevêché pillé, et l'église Saint-Germain l'Auxerrois ne pouvant pas être rendue au culte; et je comparerai ce qu'était la religion à la fin de ce règne, quels progrès elle avait faits, sans obtenir du pouvoir une seule faveur, ni des assemblées un seul vote, ne conquérant ses progrès que dans l'opinion et ne les devant qu'à des armes irréprochables, la presse, la parole, la franchise, armes magnifiques, dont l'effet vainqueur avait été de faire rentrer dans beaucoup d'âmes la foi elle-même, et dans toutes les âmes, le respect pour la foi. (*Vifs applaudissements.*)

C'est ici que se termine la première partie de la vie de M. de Montalembert; quand il avait fait cela, il avait trente-huit ans.

Il était dans les destinées de cet homme généreux de passer la première partie de sa vie dans la gloire et la lumière, et la seconde dans l'ombre, les épreuves et les disgrâces. Sa vie subissait ainsi d'ailleurs les oscillations de notre histoire; car l'histoire de notre pays ne se conduit pas, comme la nature, par des saisons qui ont un cours régulier : un printemps suivi d'un été, avec un automne où les fruits mûrissent; notre histoire est bien plus semblable à ces climats des régions du pôle où il y a de si courts printemps suivis de si longs hivers, annoncés ordinairement dans le ciel par la présence de traces sanglantes qui ne trompent pas les yeux. C'est ainsi que les deux périodes de dictature du dix-neuvième siècle ont été précédées par les massacres de 93 et par les journées de juin. Mais, Messieurs, en évoquant ces souvenirs sanglants, j'aime à ajouter à l'honneur de mon pays, que je n'aime pas à discréditer par un seul mot, qu'à aucune des époques de notre histoire contemporaine, il n'a manqué tout à fait de gloire et de grandeur. Aux premières heures du siècle, la France a eu la gloire militaire et législative. Vous savez combien, pendant la période de la Restauration, a fleuri le printemps charmant et glorieux de la liberté renaissante. Vous savez aussi qu'au règne de Louis-Philippe n'a pas manqué une couronne oratoire et militaire dont vous avez tous gardé le souvenir. Enfin, pendant sa courte durée, la république a eu l'immortel honneur d'abolir le serment politique, de renverser l'échafaud politique, d'émanciper les esclaves, et d'enfanter des assemblées vraiment nationales, formées, grâce à un mouvement énergique, de tous les bons citoyens, et qui ont sauvé l'ordre et la société mises en péril. Et quant aux vingt années que nous venons de traverser, il faut être justes, Messieurs, et reconnaître que la France qui combat et la France qui travaille ont eu aussi leurs pages glorieuses, la guerre de Crimée, le congrès de Paris, les Expositions universelles; et enfin il convient de saluer les jours véritablement inespérés de la restitution spontanée de la liberté politique faite par le souverain au pays.

Ainsi, je le répète, à toutes les pages de son histoire, notre pays a toujours de la gloire et de la grandeur mêlées à ses infortunes. La France a connu, depuis vingt ans, un genre de gloire nouveau que peut-être aucune période de nos annales ne présente au même degré : c'est ce que j'appellerai la gloire des vaincus (*Applaudissements*). Depuis vingt ans, Messieurs, les vaincus nous ont rendu d'immortels services, et ils ont bien mérité de la patrie (*Nouveaux applaudissements*). Il me vient à l'esprit — et vous n'en serez pas surpris, si vous regardez en face de moi l'un des témoins dont la présence m'honore — un souvenir, celui de la retraite de Constantine. En 1836, après des efforts infructueux pour prendre cette place, un officier brave entre tous, le commandant Changarnier (*Immenses bravos*)[1], prit son bataillon, y joignit quelques fuyards ralliés par sa valeur, fit bonne contenance sous le feu, couvrit la retraite avec une habileté intrépide, se servant des plis de terrain; puis, tout d'un coup, entouré d'ennemis et de la cavalerie impétueuse des Arabes, ce chef valeureux rangea son bataillon en carré, et lui tint ce simple langage : « Ils sont six mille, vous êtes trois cents; vous voyez bien que la partie est égale! » Et les Arabes furent dispersés.

Il s'est passé quelque chose de semblable depuis vingt ans, Messieurs : les vaincus ont formé un petit bataillon carré; ils n'étaient pas trois cents, ils avaient devant eux plus de six mille adversaires; mais ils ont jugé que la partie était égale (*Bravos*), et nous leur devons, Messieurs, trois services dignes de mémoire. En premier lieu, ils ont apporté leur tribut à notre histoire littéraire, et nous devons à leur défaite, et à la laborieuse obscurité qui l'a suivie, des livres qui ne périront pas. Ils ont ensuite apporté leur tribut à notre histoire morale, en nous laissant l'exemple de la fidélité à soi-même,

[1] Le général Changarnier assistait à la séance.

de l'empire sur ses plus légitimes ambitions, de ce respect de sa cause et de sa personne qui conquiert, quoi qu'on en ait, le respect des multitudes : témoin la tombe et la gloire de Berryer ! Puis, ils ont apporté leur tribut, enfin, à notre histoire politique, et on les a vus, conduits par ce même Berryer, par M. Thiers et par plusieurs autres dont le nom est gravé dans toutes les mémoires et dans tous les cœurs reconnaissants, on les a vus, sans s'abandonner eux-mêmes, reprendre patiemment l'œuvre interrompue et réapprendre au pays étonné le goût, la langue et bientôt la route des *libertés nécessaires*.

M. de Montalembert, Messieurs, ne pouvait pas manquer de figurer dans ce petit bataillon carré. Cependant, pour tout dire et ne pas manquer à la franchise que cet ami passionné de la sincérité me refuserait de trahir, il eut beaucoup à travailler pour s'y faire admettre au rang qui lui appartenait.

De 1848 à 1851, il avait pris à la tribune une part glorieuse, une part admirable et éclatante dans la défense de la société. Il ne s'agissait plus alors de la liberté, mais du pouvoir menacé, de l'ordre ébranlé. On l'avait vu prendre la parole, vous savez avec quel succès et avec quelle intrépidité, pour défendre la magistrature, l'impôt, l'industrie, et aussi, quand il le fallait, la religion, le pape, aux pieds duquel on venait d'assassiner Rossi. Il n'avait manqué à aucune de ces causes ; nul n'avait été plus ardent, plus courageux, changeant d'adversaires, passant d'une brèche à l'autre, faisant face à tous les assaillants de la société française.

Mais plus préoccupé, à cette époque orageuse, des périls de la société que de ceux de la liberté, sachant bien que la violence est une ennemie beaucoup plus dangereuse pour la liberté que ne peut l'être la dictature, parce que, sur la terre française, la liberté renaît sans cesse, tandis que la dictature ne peut pas pousser ses racines, il crut, à un moment, avoir à choisir entre la violence et la dictature, et, guidé par les motifs les plus élevés, poussé par de nombreux conseils, il glissa du côté de la dictature par un acte trop éclatant pour qu'on l'oublie, trop désintéressé pour qu'on l'exagère, trop expié pour qu'on ne le pardonne pas. (*Bravos.*)

Cependant, Messieurs, cet acte, et ce qu'il appelait lui-même cette *faute*, désintéressée et courte, lui fit d'abord une situation plus pénible qu'à tous les vaincus de cette grande époque, où il joua bientôt un rôle si glorieux. Il était comme un blessé qui, sur le champ de bataille, perd son sang par une blessure faite de sa propre main. Ce n'est pas tout, Messieurs! il pleurait la liberté vaincue, mais il avait un autre souci, parce qu'il avait une autre cause à défendre, la cause de l'Église catholique, et, dans cette défense, il se vit bientôt abandonné par le gros de l'armée qu'il avait conduite à la victoire! Je n'exagère rien; je ne veux pas rappeler, en prononçant des noms propres, le souvenir d'actes nombreux d'ingratitude, d'inconséquence et d'imprévoyance, mais je ne puis pas ne pas constater ce fait lamentable que M. de Montalembert resta, depuis cette époque, à peu près seul, isolé, ayant à accomplir des actions d'éclat nécessaires à la fois pour le faire compter au premier rang des amis de la liberté et pour le faire encore entendre des amis de la religion.

Cette double difficulté pouvait déchirer son cœur, elle n'ébranla pas son courage. Il se mit à la tâche avec une intrépidité nouvelle. Je passe vite, car je cesse ici, j'en conviens, d'être un témoin pleinement désintéressé.

Il se réunit à une poignée de ses meilleurs amis, à la tête desquels était toujours Lacordaire, qui partageait encore avec lui dans la disgrâce les sentiments du passé, le prince de Broglie, M. Foisset, le comte de Falloux, l'abbé Perreyve, M. Lenormant. Ils se placèrent résolûment derrière cette citadelle de papier qu'on appelle une *Revue*, et sur laquelle ils plantèrent d'une main ferme, comme autrefois, à côté de la Croix, le drapeau de la Liberté, sauf à ne pas les voir salués très-gracieusement ensemble, soit par les serviteurs de la Croix, soit par les amis de la Liberté.

Ce n'est pas à moi à rappeler ce que fit pour la religion et la liberté ce groupe d'hommes, persévérants et méconnus, qui ne furent pas les derniers à suivre l'illustre évêque d'Orléans dans la défense du saint-siége, et à appuyer les députés courageux qui, les premiers, opposèrent à la dictature les refus de la conscience. Comme le comte de Montalembert était passé, en 1830, des bancs de la police correctionnelle à la tribune de la Chambre des pairs, on le vit alors redescendre de la tribune du Corps législatif aux bancs de la police correctionnelle, serviteur entêté, incorrigible, de la liberté et de la justice, comme à vingt ans, ayant pour témoins et pour défenseurs deux vaincus glorieux, M. Dufaure et M. Berryer.

Sentant bien qu'il n'avait plus les mêmes forces pour défendre sa foi, il s'imposa le devoir de la démontrer; et alors il construisit ce grand monument d'histoire, *les Moines d'Occident*, ce grand travail interrompu par la mort, mais déjà gigantesque comme une cathédrale inachevée, où il élève avec tant de soins, avec un art si habile et si patient, avec des recherches infinies, les statues monumentales de ces trois géants, Augustin, Colomban, Boniface, qui ont introduit, par leurs mains puissantes et bénies, l'un l'Angleterre, l'autre les Gaules, l'autre la Germanie, dans la civilisation chrétienne. (*Applaudissements.*)

Poursuivant à la fois les deux œuvres de sa vie, fidèle à la foi catholique et dévoué à la liberté française, ou plutôt à la liberté humaine sur tous les points de la terre. M. de Montalembert écrivit pendant cette seconde période de sa vie *les Intérêts catholiques*, puis son livre célèbre sur *l'Avenir de l'Angleterre*, des pages éloquentes sur *la Victoire du Nord des États-Unis d'Amérique*, et, quelques années avant, le livre sur la Pologne, nourri comme un plaidoyer et touchant comme une hymne, qu'il appela *une Nation en deuil*.

Ah! la Pologne! je ne voudrais pas oublier qu'elle a été la première, qu'elle est restée la plus durable, et qu'elle aura été la dernière, la plus tendre et la plus sacrée des passions politiques de son cœur. La Pologne! à quelque opinion que vous apparteniez, Messieurs, il suffit de jeter les yeux sur l'histoire, pour voir que son déchirement et sa lacération ont été un crime; depuis lors, il n'y a plus de droit des gens, la morale entre les nations n'est plus égale à la morale entre les particuliers, et en jetant les yeux sur la carte, surtout depuis les derniers événements qui ont changé l'équilibre des nations au milieu de l'Europe, vous verrez que cette destruction de la Pologne a été en même temps un grand malheur comme tous les crimes, car la Pologne nous manque pour la défense et l'honneur de la civilisation, et pour la paix de l'Europe. (*Applaudissements.*)

Et maintenant, laissons de côté l'histoire et la carte de l'Europe. Pour peu que vous soyez sensibles à l'infortune et à l'honneur, y a-t-il, dites-moi, dans les annales humaines quelque chose de plus touchant, de plus poignant, de plus sublime, que le spectacle de cette nation ensevelie toute vivante, qui se débat dans son tombeau, qui ne veut pas mourir, qui tressaille et qui fait entendre de temps en temps des soupirs, des hymnes, des éclats, qui vont porter l'enthousiasme aux âmes généreuses et la terreur ou le remords aux âmes impudentes?

M. de Montalembert parcourut la Pologne en 1861; et c'est ce voyage, joint à sa sympathie ancienne et durable, qui inspira ses deux écrits, *une Nation en deuil*, véritable paraphrase du chant national : *Seigneur, rends-nous la patrie, rends-nous la liberté!* et une autre page, peut-être la plus éclatante qu'il ait écrite : *la Vie de Ladislas Zamoiski*, où il a déployé au plus haut degré ces qualités extraordinaires auxquelles il avait assoupli son talent, étant orateur, pour devenir écrivain.

Vous ne savez pas, Messieurs, peut-être, quels efforts il faut à un orateur pour se réduire au rôle d'écrivain, pour s'enfermer entre les quatre murs de son cabinet et verser les torrents de son âme sur un froid papier. Mais de cet effort laborieux naît un nouveau genre de style, que l'on peut nommer le style oratoire. Le discours écrit par un orateur court sous la plume avec une abondance et une vie extraordinaire; on sent en quelque sorte que la main qui s'est prêtée au travail de la pensée était sillonnée par des veines et des artères qui ont porté jusqu'aux extrémités et jusque sous le papier lui-même la chaleur d'un sang généreux. La plupart des grands orateurs de notre temps sont devenus de grands écrivains. Aucun n'a dépassé M. de Montalembert par la puissance, la couleur et l'accent. Quinze volumes consacrés les uns à la défense de la foi, les autres à la défense de la liberté, les derniers aux arts et à l'histoire, composent son œuvre littéraire. Deux jours avant sa mort, il écrivait encore et c'était pour graver son nom à côté du nom de Lacordaire, destinés à être unis dans la mort comme ils l'avaient été dans la vie par une œuvre inachevée qui parviendra jusqu'à nous par delà les tombeaux des deux illustres amis et de ce jeune prêtre que nous avons aimé avec eux, Henri Perreyve.

A la fin de la première partie de la vie de M. de Montalembert, je me suis demandé avec vous, Messieurs, quels avaient été les résultats mémorables de ses efforts et de ses travaux. Ont-ils été aussi grands, aussi étendus, aussi heureux, après la seconde moitié de cette carrière si prématurément terminée?

Messieurs, ce labeur, repris et poursuivi avec une persévérance vraiment héroïque, n'a pas été entièrement stérile. M. de Montalembert a eu le bonheur, avant de mourir, de voir se lever une nouvelle aurore sur la plupart des causes qu'il avait servies. L'Irlande est enfin sortie de l'injustice qu'elle avait subie pendant plusieurs siècles. La race des esclaves a été presque partout émancipée. La Hongrie a été réorganisée. Il a vu la liberté renaître en France par la main de ses amis, et de l'un des plus chers à son cœur, M. le comte Daru. Ses yeux ont pu jeter sur la patrie, avant de mourir, un regard moins mélancolique, et se remplir d'espérance.

Il y a pourtant un de ses désirs, le plus noble, le plus ardent, qui n'aura pas été réalisé de son vivant : il n'aura pas vu s'opérer et se consolider l'alliance tant souhaitée par lui entre la religion catholique et la liberté moderne. Je n'ai rien à déguiser sur l'amertume de la douleur qu'il éprouva de ce cruel mécompte, et vous savez tous qu'il serait souverainement injuste de prendre pour des blasphèmes les cris arrachés à sa douleur profonde et à son amour inquiet. (*Applaudissements.*) Oui, il a beaucoup souffert à la fin de sa vie ! Il a raconté, dans la Vie de Ladislas Zamoïski, qu'un des héros de cette race antique était, sur le champ de bataille, percé de trois coups de lance, et qu'un roi de Pologne lui dit : « Vous devez bien souffrir? » A ces mots, le héros, mettant la main sur les débris de lance entrée dans son côté, répondit tristement : « Ah ! ce n'est pas cette blessure qui me fait le plus de mal. » Je le redis encore, je ne veux rien envenimer; citer des faits, prononcer des noms, ce serait ouvrir une polémique sur un tombeau : dessein indigne de lui, de vous et de moi, Messieurs.

Mais comment ne pas comparer ces deux dates, si frappantes dans l'histoire des catholiques de France, 1850 et 1870? En 1850, après vingt ans de rigueurs de la part du pouvoir, les catholiques étaient unis, forts et respectés. En 1870, après vingt ans de déférence envers le pouvoir, les catholiques sont divisés, amoindris et presque méprisés. Est-ce que la religion a changé dans cet intervalle? Nullement; elle est toujours la même, vraie, belle et bonne. Qu'est-ce donc qui a changé? La conduite, le langage et la direction de l'opinion catholique.

Voilà des faits plus clairs que le soleil, et ils arrachaient à M. de Montalembert des cris et des larmes !

Je me hâte d'ajouter que, par la grâce de Dieu, il lui était réservé, et il a goûté de sublimes et d'austères consolations. Si cette union qu'il a toujours cherchée entre sa foi antique et la liberté nouvelle ne s'est pas réalisée devant ses yeux, Dieu a fait tomber sur sa tête, comme des rayons directs de sa lumière, la vocation de sa fille et les souffrances de sa dernière maladie.

Un jour, Messieurs, un jour, son enfant charmante et chérie entre dans ce cabinet de travail que nous avons tous connu, et elle lui dit : « Mon père, j'aime tout, j'aime le plaisir, j'aime l'esprit, le monde, la danse, j'aime la famille, j'aime mes études, mes compagnes, mon âge, ma vie, j'aime ma patrie, mais j'aime mieux

Dieu, et je veux me donner toute à lui! » Et comme il lui disait : « Mais, ma chère enfant, n'as-tu pas quelque chagrin? » elle courut à sa bibliothèque, chercha un de ces livres où il a raconté l'histoire des moines d'Occident, et elle lui dit : « Vous m'avez appris qu'on n'offre pas à Dieu des cœurs flétris et des courages fatigués... » Quelques jours après, j'avais le bonheur d'accompagner sa famille dans cet humble sanctuaire où la cérémonie de l'hyménée avait été préparée; le prêtre était à l'autel pour célébrer les épousailles, et l'épouse charmante et parée, avec des fleurs d'orangers, la robe de satin et le voile de mariée, s'agenouillait rayonnante et attendrie à l'autel. Mais il n'y avait pas de fiancé : le fiancé, c'était cet époux invisible qui, depuis deux mille ans, a attaché tant d'âmes de vingt ans par des liens que rien ne peut rompre, et les a attirées par un charme que rien ne peut égaler. (*Applaudissements.*)

J'affirme que la vocation de sa fille fit apparaître l'Église aux yeux de M. de Montalembert sous une forme et avec une majesté nouvelles; ce fut une grâce sanglante, mais sensible, et il en reçut une seconde, digne de sa généreuse nature, dans les souffrances prématurées qui envahirent son corps. Le dévouement volontaire, la souffrance acceptée, ce sont, Messieurs, les deux aspects de la sainteté; ce sont les deux caractères immortels de la divinité de la religion chrétienne, qui seule et depuis deux mille ans, n'a pas cessé de placer ces spectacles et de produire ces fruits sous les yeux étonnés des hommes.

J'ai vu M. de Montalembert dans des circonstances bien différentes de sa carrière. Je me rappelle que la première fois, c'était à Chalais, en 1847. J'étais alors étudiant; je ne le connaissais pas, mais je me défiais très-fort de ses doctrines : naturellement moqueur, médiocrement chrétien et vaguement démocrate, je montai par curiosité jusqu'à ces hauteurs de Chalais où les Dominicains venaient de se rétablir, et je rencontrai tout à coup M. de Montalembert avec son ami M. Amédée Thayer et le P. Lacordaire, qui se promenaient à la porte du couvent. Témoin de leur enthousiasme devant la nature, sublime dans ces montagnes, de leur gaieté si cordiale et de leur humble piété, je m'en allai, après avoir passé une soirée et une nuit dans cette demeure hospitalière, tout surpris et tout ébloui de ce que je venais de voir, ce noble pair de France, dans tout l'éclat de la jeunesse et de la célébrité, ce grand orateur, revêtu volontairement d'une robe de moine, à laquelle il n'était pas encore parvenu à conquérir cette brillante popularité qu'il lui a acquise plus tard; ces jeunes gens qui, sans argent, sans droit, sans avenir, fondaient à la grâce de Dieu, dans ce nid d'aigle, une maison religieuse destinée à sanctifier leurs âmes, à crucifier leurs corps et à les préparer à prêcher dans les faubourgs de Paris ou dans les solitudes de l'Orient la foi catholique pour laquelle il leur semblait doux de s'immoler!

Je le vis plus tard à la Roche-en-Brény, après ses disgrâces; car je n'ai pas été le compagnon de sa fortune et de sa gloire, je n'ai été son ami et son témoin que dans ses luttes pénibles et dans ses épreuves. Dans cette maison ou plutôt dans cette enveloppe si bien faite à son image, tout parlait! les pierres étaient couvertes d'inscriptions éloquentes, généreuses, patriotiques, écrites en toutes langues; les murs des cours, des vestibules, des corridors, portaient tous des dates, des cartes, des portraits, des sentences ou des livres. Là, il étudiait nuit et jour, avec une infatigable ardeur; il écrivait à l'univers entier, à ses amis, à ses adversaires, à ses admirateurs, à des prêtres, à des jeunes gens inconnus, portant sa grande renommée sans orgueil, moins glorieux qu'à la Chambre des pairs, plus grand peut-être et toujours simple.

Enfin je l'ai suivi, je l'ai aimé, sur ce canapé qu'il appelait lui-même son grabat, aux prises avec une souffrance obscure et acharnée, s'adressant à la médecine, interrogeant la science, tâchant de trouver du secours dans l'étude, dans le travail; mais, au fond, ne rencontrant de vertus consolatrices que dans la foi et dans les merveilles d'amour conjugal, de piété filiale et de charité qu'elle enfantait autour de lui; apprenant chaque jour à saisir, à porter, à soulever sa croix pesante, habituant son âme si vivante à supporter la compagnie de son corps à demi mort, et recevant ainsi dans les dures épreuves de la souffrance un secours et un rayon qui tombaient du Christ.

Si je parle de ce dernier combat, si j'ouvre cette porte que tant d'amis ont poussée avec respect, si je vous conduis, Messieurs, près de ce lit de douleur, au risque de violer un instant la pudeur de l'amitié chrétienne, ne me blâmez pas! Je n'ai rien vu de plus beau que l'activité et la constance de cette âme intrépide aux prises avec cette cruelle torture; j'ai le droit d'affirmer que l'agonie de M. de Montalembert a fait partie de sa gloire; j'ai le droit d'affirmer qu'il est mort, désespéré sans doute de n'avoir pas salué de ses derniers regards le triomphe passager de l'Église par les armes nouvelles de la liberté, mais ayant pu contempler et savourer les vérités, les vertus, les grâces, répandues sur la vie et sur la mort, qui sont l'apanage éternel, incomparable, directement et certainement divin, de la religion véritable, au delà et au-dessus de toutes les combinaisons de la politique humaine!

Sur ce lit, après ces souffrances, ces combats, ces mérites, il y a dix-neuf jours, la nuit tomba sur sa dernière lecture, et la mort sur sa dernière prière.

Vous vous rappelez presque tous, Messieurs, la grandeur triste du jour des funérailles. Quelques jours après, je recevais de Rome cette simple lettre, ce cri touchant d'un cœur plus capable que tout autre de sentir la perte que la France, la foi, l'amitié, les lettres et la cause de la justice dans le monde venaient de faire — vous avez tous nommé l'illustre évêque d'Orléans:

Rome, 15 mars 1870.

« Mon cher ami,

« J'apprends à l'instant la fatale nouvelle. Je la redoutais sans pourtant la croire si proche. J'en suis atterré. Je ne puis vous jeter qu'un cri: Quelle âme vient de nous quitter! Quel noble cœur! On ne saura jamais tout ce qu'il y avait *dans ce cœur-là* de flamme généreuse, ni combien il a aimé l'Église ! Dans les tortures du long martyre qu'il subissait depuis quatre ans et qui n'était pas le plus douloureux, combien il en était préoccupé ! Je ne sais aucun détail... Étiez-vous là près de lui ? avez-vous recueilli, avec son dernier souffle, ses dernières paroles? Comment est-il mort? Je le pleure, je prie pour lui, j'espère que Dieu l'aura reçu dans sa bonté, et qu'il le récompense de tant de bons combats qu'il a livrés pour lui. Dieu n'est pas injuste ; Dieu n'est pas ingrat ; Dieu est riche en miséricordes.

« N'oublions jamais ce grand ami !

« Tout à vous,

« Félix, évêque d'Orléans. »

Non, Messieurs, nous n'oublierons jamais ce grand ami loué et pleuré par ce grand évêque.

Et maintenant, après vous avoir raconté bien imparfaitement cette belle vie, car vous n'attendiez de moi ni récit, ni éloge, ni histoire, ni discours, mais uniquement l'épanchement ému d'une amitié familière et sûre de renouveler votre sympathie et d'exciter votre inconsolable admiration, après avoir, dis-je, raconté si imparfaitement cette vie glorieuse, si vous me demandez de la juger, je vous dirai que ni la fatigue, ni l'émotion, ni l'heure présente ne le comportent. Il faut attendre que les larmes tarissent pour que les jugements commencent. C'en est assez d'avoir retracé dans ses grandes lignes cette vie si rare, inaugurée par le travail et le dévouement, continuée dans la gloire, achevée dans l'épreuve, illuminée tout entière par l'enthousiasme et par la foi, cette vie d'un homme que l'on peut bien appeler un homme supérieur, car il était supérieur au plus grand nombre des autres hommes par le talent, la science, la pureté, le caractère. Je ne crois pas qu'on puisse dire, avec quelque sévérité qu'on le juge, qu'il lui soit jamais arrivé de descendre à un sentiment bas et de plier le genou autrement que devant Dieu. (*Applaudissements.*)

Faut-il qu'en conduisant le comte de Montalembert au tombeau, nous supposions que nous avons enseveli en même temps tout un ordre d'idées et toute une grande cause? Ce serait le langage d'une tristesse ingrate. Je comprends, Messieurs, et je partage cette impression douloureuse qui saisit l'âme au moment où nous voyons disparaître l'un après l'autre tous les hommes qui ont fait l'honneur et la gloire de l'époque contemporaine, quand nous les voyons tomber comme les grands arbres dans les forêts, sans que d'autres arbres les remplacent, et quand nous pouvons nous dire : encore un, deux, trois coups de hache de la mort, et nous nous trouverons pour le moment au milieu d'une race de taille bien petite, sans qu'on puisse savoir, en vérité, vers quel sommet il sera possible de porter son respect ou même de placer son estime. Eh bien ! cependant, Messieurs, ce langage sévère, je suis le premier à dire qu'il est ingrat et injuste ! Les jeunes gens qui m'écoutent, les jeunes gens que M. de Montalembert aimait tant, et auxquels il répétait sans cesse ce vers de Lacretelle :

Donnez-moi vos vingt ans, si vous n'en faites rien,

les jeunes gens se chargeront de me démentir, et de fournir à l'avenir les témoins de l'admirable et continuelle convalescence du génie français. Mais, d'ailleurs, si les hommes meurent, les causes ne périssent pas, la renommée ne périt pas, les œuvres ne périssent pas ; l'histoire continue ; et l'histoire est comme une navigation : les accidents du paysage peuvent varier, mais les conditions du voyage et la direction du vaisseau sont toujours les mêmes. Sans doute nos successeurs ne rencontreront pas les mêmes événements, les mêmes combats, les mêmes luttes qui ont rempli nos vies, mais ils n'auront pas d'autres secrets que nous pour traverser la vie, soutenir la bataille, et marcher en avant.

Tout le monde le sait, la grande bataille de demain, le problème de l'avenir, ce sera le choix entre la bonne et la mauvaise démocratie, au sein des sociétés modernes. L'avénement de l'une serait le progrès magnifique de l'égalité, de la justice, du bonheur, de la conciliation ; le règne de la seconde serait l'horrible triomphe de la brutalité. La première accomplirait la justice et rétablirait la paix parmi les hommes ; la seconde transformerait les nations les plus civilisées en je ne sais quelles tribus de sauvages occupés à chasser non pas les bêtes fauves, mais composées cependant de chasseurs, chasseurs d'écus, chasseurs de places, chasseurs de plaisirs. L'avenir nous dira laquelle de ces deux démocraties l'emportera sur l'autre. Le triomphe de la bonne démocratie, que j'espère, et auquel nous devons tous travailler, Messieurs, de quoi dépend-il? Il ne faut pas être grand prophète pour affirmer qu'il dépend toujours des conditions éternelles de la civilisation humaine dans l'histoire, à savoir de la quantité de lumière et de vertu, d'instruction et de morale, d'esprit de famille et d'esprit de liberté, qui entrera dans le cœur des hommes destinés à nous succéder sur la terre. Or, il n'y a pas de morale, de famille, de patrie sans Dieu, et le vrai Dieu est le dieu des chrétiens ; telle est la leçon de la raison, de l'histoire et de la conscience. Donc, ceux qui croient en avoir fini avec l'Évangile se trompent. L'Évangile est certainement aussi inséparable des destinées de l'avenir que de l'histoire du passé.

Vous voyez donc que le jour de la justice et de la reconnaissance ne tardera pas à se lever pour ceux qui n'ont pas désespéré, dans nos temps troublés, de la cause de l'Évangile, qui l'ont ardemment associée à la cause de la liberté et de la démocratie dans ce qu'elles ont de légitime. Oui, je le crois, pour ces grands hommes méconnus des deux côtés par de prétendus libéraux qui ne veulent pas de la religion, et aussi par d'autres, malheureusement, qui pourtant n'oseront pas les rayer de leur généalogie, pour ces hommes que l'ingratitude environne un instant, le jour de la justice est proche, quel que soit l'avenir, quelle que soit l'issue de la grande lutte engagée de nos jours. Si elle se termine mal, tous les regrets seront pour ces lutteurs infatigables qui n'auront rien épargné pour faire luire des jours meilleurs ; et si elle se termine bien, si elle se termine par le triomphe de la justice, par le respect des traditions antiques, par la paix et par la conciliation, oh! alors, on les bénira, tous ces grands hommes, comme des ancêtres vénérés, comme les précurseurs de l'avenir! Et, pour moi, ma tendresse fidèle salue d'avance le jour où l'on rendra pleine justice à Henri Lacordaire et à Charles de Montalembert. Dans les régions pures, où leurs vertus ont porté leurs âmes, ils peuvent attendre en paix le dernier jugement de Dieu et des hommes.

Oui, Messieurs, tant que régneront ici-bas le respect de la foi, le souci de l'honneur, l'amour de la vérité, la passion de la liberté, le sentiment des arts, le goût de l'éloquence, le culte de la patrie, la France n'oubliera pas les services de ces combattants intrépides et désintéressés, on les portera bien haut, on se servira de leurs noms comme de boucliers; et dès à présent, ces grands noms sont semblables à ces noms de villes illustrées par des batailles mémorables, dont on ne peut entendre parler sans sentir aussitôt son âme envahie par des souvenirs d'héroïsme et par des tressaillements de respect, de reconnaissance et d'admiration. (*Applaudissements prolongés.*)

M. le président. Le Conseil décide qu'une copie du procès-verbal de cette séance sera transmise à madame la comtesse de Montalembert, et que le discours de M. Cochin y sera suivi de la mention de l'accueil sympathique et chaleureux que l'assemblée vient de faire à ces éloquentes paroles. (*Applaudissements.*)

PARIS. — IMP. SIMON RAÇON ET COMP., RUE D'ERFURTH, 1.

www.ingramcontent.com/pod-product-compliance
Ingram Content Group UK Ltd.
Pitfield, Milton Keynes, MK11 3LW, UK
UKHW020420220726
13923UKWH00005B/2059

9 782019 664640